Como Crear Niños Ricos:

Las Lecciones De Dinero Para Lograr el Éxito en el Futuro De Cualquier Niño

Por

Joe Correa

DERECHOS DE AUTOR

RECONOCIMIENTOS

Este libro está dedicado a todos los padres en el mundo que quieren un mejor futuro para sus hijos y quieren que estén preparados al manejar sus finanzas.

Como Crear Niños Ricos:

Las Lecciones De Dinero Para Lograr el Éxito en el Futuro De Cualquier Niño

Por

Joe Correa

INTRODUCCIÓN

Como Crear Niños Ricos: Las Lecciones De Dinero Para Lograr el Éxito en el Futuro De Cualquier Niño

Por Joe Correa

Este libro le enseñará las 5 reglas del dinero más poderosas en el mundo, que cambiarán el mundo financiero de su hijo para siempre. La educación financiera no se trata de enseñar a sus hijos cómo obtener lo que quieren, sino enseñarles cómo obtener lo que vale la pena tener. ¿Qué aprenden sus hijos en la escuela? ¿Aprenden cómo ahorrar, planificar, invertir, o volverse líderes? ¿Aprenden sobre cómo empezar su propio negocio o cómo volverse buenos empleados? ¿Aprenden cómo manejar el crédito o acumular deuda de tarjetas de crédito? ¿Aprenden cómo solucionar sus problemas financieros o simplemente acumular deuda hasta la bancarrota? ¿Aprenden cómo ahorrar en impuestos o cómo pagar tantos impuestos como sea posible?

Debería pensar qué es lo que están aprendiendo cada día sus hijos, porque crecerán rápidamente y la oportunidad de ayudarlos a volverse preparados financieramente se habrá ido.

Sea dueño de su futuro. Sea dueño de su vida. Sea dueño de su dinero. La mayoría de las personas viven sus vidas con el dinero como su jefe. El dinero les dice que vayan a trabajar. El dinero hace que salgan de sus camas. El dinero incluso les hace perder cabello, ganar peso, y estresarse todo el día. ¿Deberían sus hijos pasar por los mismos problemas económicos que la mayoría de los adultos? ¿Deberían tener que sufrir las consecuencias de una educación faltante? ¿Por qué no invertir en su futuro al ayudarles a aprender cómo llevar una vida financiera satisfactoria?

Este libro cubrirá las cosas más importantes que los niños deben aprender acerca del dinero.

Este libro le enseñará a usted y sus hijos como:

- Ahorrar para el futuro a través de gastos controlados.
- Crear y manejar su crédito sabiamente.
- Incrementar sus ahorros a través del interés compuesto.
- Interés compuesto para crear enriquecimiento futuro.
- Ser dueño en vez de alquilar su futura casa.
- Volverse un dueño de empresa en vez de un empleado.

Hay cosas en la vida con las que debe lidiar antes o después, y el dinero es una de ellas. Aprender a administrar el dinero tendrá un efecto profundo en el potencial futuro de su hijo. Esperar a que ellos crezcan para enseñarles lo que hay que hacer financieramente es demasiado tarde. Empiece ahora si quiere hacer una diferencia real en sus vidas. Quién sabe, quizás crecerán para volverse el próximo billonario.

PREFACIO

La mayoría de las personas comienzan la vida simplemente disfrutando de sus años jóvenes, hasta que la realidad golpea y se encuentran pagando una hipoteca, empezando un plan de ahorro, haciendo pagos de tarjetas de crédito, y tratando de empezar un negocio propio. Administrar el dinero puede volverse un ciclo monótono que nunca termina, a menos que aprenda los elementos clave del éxito financiero en sus años más jóvenes. Aprender a través de la prueba y error es un camino largo y dure que muchos adultos atraviesan, para encontrar eventualmente la madurez financiera, pero si hubiese una forma fácil de empezar a aprender los conceptos más importantes en un estadio más temprano de edad, qué diferencia haría.

¿Qué desearía haber sabido acerca del dinero cuando era joven?

¿Qué desearía poder enseñarles a sus hijos, para ayudarlos a volverse financieramente independientes?

Puede pensar acerca de estas preguntas o hacer algo al respecto. Haga lo que sea necesario para ponerlos en el camino correcto.

ACERCA DEL AUTOR

Por años he ayudado a muchas personas a financiar sus casas y reducir los pagos de hipotecas durante mi tiempo trabajando para diferentes bancos, prestamistas y firma de consejería de inversiones. Es aquí donde noté dónde estaba la sociedad en términos de conocimientos financieros. La mayoría de las personas estaban en profundas deudas y tenían muy pocos ahorros. Fui contactado por el Banco Union Plantes, que ahora es el Banco Regiones, para trabajar con ellos como un consejero financiero en una de sus sucursales, mientras estaba trabajando como profesor de matemática en la universidad. Mientras trabajaba allí, disfruté hacer préstamos hipotecarios, y quería aprender más, por lo que obtuve mi licencia en hipotecas y comencé a trabajar para una empresa de hipotecas a comisión. Un año después empecé mi propio negocio y pronto pasé a ser prestamista. Fui capaz de ayudar a cientos de personas a comprar sus casas, refinanciar a pagos más bajos, y tomar dinero para pagar deudas o reinvertir. Ahora educo a personas con mis libros en diferentes temas, que espero beneficiarán a tantas personas como sea posible. Creo que aprender a temprana edad cómo funciona el dinero y cómo debería ser administrado, es la clave para un éxito financiero futuro. Muchas personas van por el mal camino y pasan la mayoría de sus años productivos simplemente tratando de mantenerse, cuando podrían estar avanzando. Es mi objetivo ayudar a todos a minorizar o incluso eliminar los problemas financieros potenciales, y enfocarse más en cosas que crearán los mayores beneficios financieros.

CONTENIDOS

Capítulo 1

¿POR QUÉ ES IMPORTANTE EL DINERO?

"Una inversión en conocimiento paga los mejores dividendos."

Benjamin Franklin

Cuando lo piensa, usted necesita dinero para casi todo. Si quiere comer, necesita dinero. Si quiere ropa nueva, necesita dinero. Si quiere vivir en una casa linda, necesita dinero. El dinero es necesario para la mayoría de las cosas en la vida, y aprender a generar un ingreso pasivo y activo es importante para cubrir todas las expensas futuras. El dinero no debería ser su fin último, pero si debería ser algo que aprender a dominar para poder pasar más tiempo haciendo cosas que ame. La vida se trata de hacer cosas que disfrute y por las que sienta pasión. La vida se trata de pasar tiempo con los seres queridos. No deje que el tiempo pase de largo. Tome la decisión de tomar control de sus finanzas actuales y futuras aprendiendo los elementos claves para la administración del dinero. La ignorancia puede ser muy cara, asique edúquese y viva la vida que debe vivir.

El dinero como maestro o dominando el dinero

Para muchas personas, el dinero es algo que intenta acumular para poder tener suficiente para el futuro, y ser capaz de vivir una mejor vida. Para las personas que deben dinero, puede ser algo de lo que no le guste hablar, pero algo de lo que eventualmente se tendrá que hacer cargo o lo sobrepasará. Aprenda a dominar el dinero y le ayudará en el futuro. Si deja que el dinero se vuelva su maestro, pasará innumerables horas trabajando en vez de disfrutar lo que gana.

Ahorrando para el futuro

Cuando empieza a ahorrar a temprana edad, se vuelve mucho más fácil acumular dinero a lo largo del tiempo. Al volverse mayor, usted empieza a tener más expensas. Incluso si tiene un salario alto, ahorrar se vuelve más difícil y requiere más disciplina. Crear el hábito de ahorrar a una edad temprana es muy importante para sobrepasar muchas idas y vueltas de la vida. Es como la historia de la ardilla que ahorró tantas nueces como pudo para el invierno, y cuando éste por fin llegó, tenía suficiente comida para sobrevivir. La vida siempre tiene un invierno que viene una vez cada tanto, por lo que necesita estar preparado al tener algunas nueces ahorradas.

Cambiando su perspectiva sobre el dinero

El dinero debería ser una herramienta para ayudarlo a lograr sus fines y crear estabilidad financiera para el futuro. El dinero no debería ser algo que use para comprar cosas, a pesar de que se puede sentir lo opuesto para muchas personas. El dinero es un medio para crear un mejor camino. La mayoría de las personas tienen problemas para descifrar cómo usar el dinero. Aprenda a utilizar esta herramienta apropiadamente. Por ejemplo, no utiliza un destornillador para martillar cosas, y no usa un martillo para abrochar papeles juntos. Aprenda a utilizar la herramienta del dinero para su propósito verdadero y no para temporadas de gasto que se tornan en deuda.

Planificando ser rico o pobre

Como dicen "tener un plan es mejor que no tener un plan". Al no tener un plan, usted actualmente planifica ser potencialmente pobre, o tener problemas constantemente con el dinero. Planifique ser rico al aprender y poner en práctica lo que aprende del dinero en este libro. Escriba cada cosa que aprenda y revea las notas diaria, semanal o mensualmente. Siga su progreso al escribir los pasos positivos que haya tomado y lo que crea que podría mejorar. Si ahorrar dinero semanalmente es más sencillo que hacerlo mensualmente, anótelo y empiece a ahorrar de esa forma. Todos somos diferentes, por lo que crear un plan específico para sus necesidades tiene más sentido. Haga cambios a medida que pase el tiempo para poder adaptar las ideas que aprende, y sacar el mayor provecho de ello. Asegúrese de estructurar su salario, pensión o ingreso de forma que le permita ahorrar semanalmente de ser necesario. Ser flexible está bien siempre que se atenga a las reglas del dinero generales que aprenderá.

Como un punto de inicio, puede intentar la siguiente prueba de conocimiento del dinero, que le ayudará a entender dónde se encuentra mentalmente respecto a sus finanzas, para saber cuánto necesita mejorar

La "Prueba de Conocimiento de Dinero"

Vea cuánto puede anotar en esta prueba de conocimiento, respondiendo las siguientes preguntas con "SI" o "NO", y luego sumando todos los "SI" que anotó. Vea su resultado para saber dónde se encuentra en la clave de respuestas. No hay respuestas correctas o incorrectas, simplemente hábitos de dinero que pueden ser cambiados o mejorados con práctica.

PREGUNTAS:

¿Usted gasta dinero en cosas que necesita?

SI o NO

¿Usted ahorra dinero en su chanchito o cuenta de ahorro cada mes?

SI o NO

¿Quiere empezar su propio negocio algún día?

SI o NO

¿Siente pasión por un deporte, actividad o idea?

SI o NO

¿Disfruta trabajar duro cuando lo necesita?

SI o NO

¿Le gusta aprender cosas nuevas?

SI o NO

¿Lee libros de dinero o finanzas?

SI o NO

¿Toma tiempo para planificar gastos antes de ir de compras?

SI o NO

¿Pasa el tiempo con personas a las que les gusta ahorrar y minimizar gastos}?

SI o NO

¿Paga por cosas usando dinero y tarjetas de débito?

SI o NO

CLAVE DE RESPUESTAS:

Si respondió que sí a 6 o más respuestas, usted está en el camino correcto y tiene un alto conocimiento del dinero.

Si respondió que sí a 3-5 preguntas, está en el camino correcto, pero necesita trabajar en su conocimiento del dinero.

Si respondió que sí a 1-3 preguntas, usted tiene potencial, pero debe trabajar en su conocimiento del dinero.

Tener un alto conocimiento del dinero no tiene nada que ver con la inteligencia. Es un asunto de hábitos y crear los hábitos correctos resultará en una vida financiera mejor. Los niños deben aprender los mejores hábitos financieros posibles para tener un futuro brillante y una vida financiera independiente. Ignorar el hecho de que en algún punto usted deberá aprender a administrar el dinero, solo traerá problemas en el futuro por una falta de preparación. Los niños deben aprender a prepararse para lo que la vida les pedirá saber. Deben saber cómo funciona el dinero y cómo hacerlo crecer. Esto lleva tiempo y paciencia, pero durará su vida entera.

Capítulo 2

LAS 5 REGLAS DEL DINERO MÁS IMPORTANTES EN EL MUNDO

"La educación es lo que queda luego de que uno se ha olvidado de lo aprendido en la escuela."

Albert Einstein

El dinero puede ser difícil de administrar, y es por ello que seguir un grupo de reglas le ayudará a mantenerse en el camino correcto, y llevará a prosperidad financiera. Hay más cosas que necesita recordar, pero estas 5 reglas cubrirán una porción grande de lo que se necesita para volverse independiente financieramente. En tiempos financieros difíciles, notará que estas 5 reglas serán de gran ayuda y tendrán un efecto significativo en cómo termina su futuro financiero. Es importante aprenderlos a todos y dominar cada uno.

Las 5 reglas del dinero más importantes en el mundo:

REGLA #1

NUNCA TOMES DINERO PRESTADO A MENOS QUE

TENGAS EL MISMO DINERO EN EL BANCO Y PUEDAS PAGARLO INMEDIATAMENTE

Tomar dinero prestado requiere que entienda cuáles serán los términos de financiamiento, y que sean aceptables para su situación. La mayoría del tiempo, es una mejor idea ahorrar dinero y pagar por ello en efectivo. Si financia algo, asegúrese de tener el equivalente en una cuenta bancaria, para poder pagarlo en cualquier momento. Esta es una regla que ha estado alrededor por cientos de años, y aún aplica.

REGLA #2

AHORRE AL MENOS 20% DE SU INGRESO CADA MES

Ahorrar 20% o más de su ingreso debería ser una prioridad principal cada mes. Si solo es capaz de ahorrar 10%, está perfectamente bien, pero cuanto más ahorre, más rápido verá resultados. Esto también se denomina "pagarse a usted mismo primero", porque usted toma la decisión de ahorrar antes de gastar en cuanto haya cobrado. La mayoría de las personas gastan el dinero que ganaron y luego ahorran lo que les queda, pero al final, podría no haber mucho remanente. Su capacidad de incrementar su riqueza se basa en gran cantidad en su capacidad de ahorrar. Para ahorrar más, usted debe asegurarse de pagarse primero antes de pagar otras deudas o expensas.

Si espera a pagar todas las expensas, usualmente encontrará que no hay nada restante para ahorrar, asique debe darles prioridad a sus ahorros. Este es uno de los cambios más significativos que hará en sus finanzas, y que llevará a un camino completamente diferente. El camino al éxito está en sus manos. Planifique ahorrar antes de cobrar incluso. Escoja un monto y póngalo en una cuenta de ahorro separada cada mes. De esta forma, tomará la decisión de ahorrar dinero por adelantado y no reconsiderará gastarla en algo que no necesita. Sea específico con la cantidad que ahorrará y en la fecha que lo hará cada mes.

REGLA #3

USE EL INTERÉS COMÚESTO PARA MEJORAR SUS AHORROS

El interés compuesto es la razón por la que algunas personas se vuelven más y más ricas a medida que pasa el tiempo, solo porque lo entienden y lo ponen en buen uso. Para que un granjero vea las frutas de su granja, primero debe plantar las semillas. El interés compuesto funciona muy similar al plantar semillas en una granja, las recompensas vienen después y continúan llegando a medida que pasa el tiempo. Cobrar interés sobre interés cada mes significará que su dinero crecerá más y más rápido. La mayoría de los bancos ofrecen cuentas que tienen interés compuesto mensualmente, por lo que debe encontrar una que ofrezca una tasa competitiva, y luego empezar a realizar depósitos tan seguido como sea posible. La combinación del uso de interés compuesto y ahorrar un monto específico cada mes, tendrá efectos poderosos en su futuro financiero, y creará los hábitos correctos cuando se trata de administrar el dinero. El secreto es comenzar temprano. ¿Por qué es importante empezar temprano? Simplemente porque empezar a ahorrar cuando es joven requerirá depósitos menores cada mes, que se combinarán a lo largo del tiempo para volverse muy grandes. Si empieza más tarde a ahorrar, necesitará hacer depósitos de ahorros mayores para ver efectos similares al utilizar el interés compuesto.

Ejemplo:

Empezando a ahorrar cuando tiene 10 años:

Si empieza a ahorrar cuando tiene 10 años y puede ahorrar $200 por mes por 50 años, habrá ahorrado $155,611. Esto es considerando una cuenta de ahorro que combine interés a una tasa de 1% mensual. Hay cuentas que tienen tasas más altas, pero este es un número razonable para los ejemplos. Esto es considerando que planee retirarse cuando tenga 60 años.

Empezando a ahorrar cuando tiene 40 años:

Si empieza cuando tiene 40 años, el monto que necesitará ahorrar mensualmente será mucho mayor. Si ahorra $585 por mes y tiene una tasa de interés de 1%, será capaz de ahorrar $155,353 en 20 años. Esto es considerando que planee retirarse cuando tenga 60 años.

¿Cuál es la diferencia?

La diferencia entre empezar a los 10 años o 40 años es $385 más que usted debe ahorrar cada mes para recuperar los años perdidos. Esto podría no parecer una diferencia grande, pero al volverse mayor y tener más expensas, se vuelve más difícil ahorrar.

Es por ello que empezar a ahorrar y usar el poder del interés compuesto a una temprana edad es tan beneficioso. Recuerde, cuanto antes empiece, más se beneficiará del interés compuesto. Abra una cuenta de ahorro y luego deposite una cantidad específica cada mes.

REGLA #4

REDUZCA O DISMINUYA EL GASTO AL MÍNIMO

Una de las mejores formas de incrementar sus ahorros es gastando menos. Esto puede hacerse inmediatamente y es muy simple. Si usted intentó incrementar su ingreso en vez de disminuir sus gastos, le llevaría más tiempo y requeriría que trabaje más. Incrementar su ingreso al reducir sus gastos puede ocurrir de la noche a la mañana. Haga una lista de todas las cosas que sabe que puede eliminar de sus expensas diarias o mensuales, y descifre cuáles puede reducir o eliminar por completo. Es muy simple y le permitirá ahorrar más dinero cada mes y más rápido de lo que pueda imaginar. A medida que pasan los años, ser capaz de controlar la necesidad de gastar en cosas que no necesita y usar ese dinero en proyectos más beneficiosos como poner el dinero en una cuenta de ahorro, empezar un negocio o invertir, cambiará su vida completamente y creará oportunidades para generar riqueza con la que otros solo pueden soñar. Aprenda a administrar y controlar sus gastos tan pronto como pueda.

Ejemplo:

Alguien que gana $200

Digamos que gana $200 por mes, pero solo gasta $20, por lo que termina ahorrando $180. Estos $180 pueden sonar a poco, pero a lo largo del tiempo se sumará rápidamente.

Alguien que gana $5,000

Digamos que gana $5,000 pero gasta $5,000 cada mes, por lo que termina teniendo un ahorro de $0. No tener ahorros resultará en no tener dinero para retirarse, o incluso peor, caer en deuda cuando debería retirarse. Usted necesita considerar que podría perder su empleo, y si no tiene ahorros esto significará un problema financiero grande al tener que pagar deudas y expensas normales.

¿Cuál es la diferencia?

Al reducir sus expensas y ahorrar cada mes, sin importar qué tan pequeño sea ese monto, usted estará más preparado para emergencias financieras, y esto reducirá la cantidad de estrés que sufrirá cuando se trate de dinero y hacer pagos. No ahorrar, a pesar de tener un ingreso alto, es simplemente un asunto de mala administración del dinero. Lo bueno es que los hábitos, cuando se trata de administrar dinero, pueden ser cambiados fácilmente en solo unos días. Tómese el tiempo de rever sus expensas y recortar cualquier costo innecesario. Anote todas sus expensas diariamente si es necesario, y decida en qué vale la pena gastar y en qué no.

¿Es el retiro mi meta final?

El retiro no es su meta final, pero puede ser una gran meta para intentar alcanzar. El retiro simplemente significa que tiene suficiente dinero ahorrado para dejar de trabajar. No tener que seguir trabajando puede ser algo bueno si nunca le gustó lo que estaba haciendo, pero si disfruta lo que hace, retirarse podría ser un tema de reducir la cantidad de horas o días en que trabaja y continuar haciendo lo que ama. Mantenerse ocupado y trabajar en algo que disfruta es algo bueno. Si realmente disfruta lo que hace, nunca lo sentirá como trabajo. Algunos de los empresarios más exitosos en el mundo dicen que nunca han trabajado un día en sus vidas. Dicen esto porque aman lo que hacen y no lo consideran un empleo. Este es el acercamiento apropiado cuando se trata del trabajo. Encuentre algo que ame y trate de trabajar en ello en vez de hacerlo solo por dinero.

REGLA #5

SEA DUEÑO DE SU PROPIO NEGOCIO

Ganar una porción más pequeña del pastel cada mes resultará en haber ahorrado una porción pequeña también. Su fin debería ser recibir una porción grande del pastel, y para ello usted necesita ir de ser un empleado a ser dueño de un negocio. No solo se incrementará su ingreso, sino que sus impuestos serán menores. Al final, su capacidad de ahorro se incrementará exponencialmente. Al organizar su tiempo eficientemente, puede incluso terminar trabajando menos y ganando más dinero.

Ejemplo:

Ingreso del Dueño de una Empresa:

Como dueño de una empresa, podría posiblemente hacer $50,000 cada año, y luego de todos los gastos e impuestos, podría quedarse con $30,000 para ahorrar.

Ingreso de Empleado:

Como un empleado que hace $50,000 y paga un impuesto del 30%, tendría $35,000 restante, pero luego de reducir todas sus expensas, terminaría teniendo solo $20,000 para ahorrar.

¿Cuál es la diferencia?

La diferencia entre ser dueño de un negocio y un empleado, en este caso, es de solo $10,000, pero para algunas personas esta diferencia puede ser incluso mayor. Luego de 10 años, esta diferencia podría terminar siendo de $100,000 o más para los dueños.

Como dueño de una empresa, también tiene el beneficio agregado de que siempre podrá vender su negocio si decide que quiere retirarse, empezar otro negocio, o hacer algo más. Este es un ingreso que podría sumar a los $100,000 mencionados antes. Si vendiera su empresa por $100,000 luego de 10 años, ahora tendría $200,000 más ahorrado que un empleado.

Es por ello que ser dueño de una empresa es tan importante, y por qué necesita hacer el cambio si lo desea y puede hacerlo.

CONCLUSIÓN

Estas 5 reglas son importantes y deberían ser aprendidas a una edad temprana, para que se vuelvan un hábito en el futuro. La clave de estas 5 reglas es que funcionan sin importar quién sea o dónde esté en el mundo. Escriba estas 5 reglas y siempre téngalas a mano para asegurarse no ir por el mal camino. Mientras estas 5 reglas son importantes, siempre puede añadir sus propias reglas a la lista, para ayudarse a volverse más fuerte financieramente. Tómese el tiempo de aprender estas 5 reglas y memorizarlas. Vívalas y enséñele a otros, para que puedan vivir vidas financieramente estables también.

Capítulo 3

¿CÓMO DEBERÍA ADMINISTRAR EL DINERO PARA UN ÉXITO DURADERO?

"Nunca gaste su dinero antes de tenerlo."

Thomas Jefferson

Para algunas personas, administrar el dinero es un proceso complejo. Reciben su salario o ingreso cada dos semanas o mensualmente, pero al finalizar el mes, no tienen nada restante. Aprender a ahorrar y gastar menos requiere planificación y disciplina. Si tiene problemas siendo disciplinado con sus hábitos de gastos, entonces tendrá que seguir la simple regla de pagarse a usted mismo primero. Al pagarse a usted primero y mantenerse en un monto específico o porcentaje mínimo de lo que recibe cada mes, y ponerlo en una cuenta de ahorro, eliminará el gastar todo su dinero. Esta es una de las formas más efectivas para ahorrar. Nunca sabe cuándo tendrá una emergencia o cuándo necesitará tener dinero para una oportunidad de negocios, asique es bueno estar preparado. Tener dinero ahorrado le permitirá estar preparado para el futuro, y ya que el futuro nunca es certero, es mejor tener un poco de más ahorrado.

Gastar contra Ahorrar

Cuando ahorra dinero, el dinero crece. Es como plantar un árbol de naranja. Pagó por el árbol una vez, pero una vez que empieza a darle naranjas, continuará haciéndolo siempre y cuando lo cuide. El dinero es, generalmente, como ese árbol.

Cuando usted gasta, nunca recupera ese dinero. Si compra naranjas en el supermercado, obtendrá lo que pagó, pero si quiere más naranjas deberá ir nuevamente y comprar más. Esto significa que tendrá que trabajar más para pagar por más naranjas.

Tome la decisión de plantar más árboles para no tener que ir al supermercado a comprar más naranjas. Plantar un árbol es similar a plantar uno de dinero, pero en este caso, ahorrar y ganar interés compuesto será su árbol.

Gastos innecesarios contra gastos reales

Cuando dice: "Necesito esto o quiero esto", ¿realmente lo necesita? ¿se enfermará o tendrá que ir al médico si no lo tiene? ¿Necesita un teléfono nuevo o debería ahorrar el dinero para tener su propia tienda de teléfonos en el futuro? La mayoría de las personas pierden la cuenta de lo que realmente es una expensa y qué es una indulgencia. Si necesita una nueva computadora para la escuela porque la vieja no funciona, eso sería una expensa necesaria. Saber la diferencia entre expensas innecesarias y reales es importante. Si puede vivir sin ello, entonces es innecesario.

Invertir contra Ahorrar

Invertir es importante, e invertir en usted mismo es incluso más importante. Cada vez que usted invierte en algo, aprende si funcionó o no como una buena inversión. ¿Ganó dinero en su inversión o no? Si usted es dueño de una bicicleta, pero compra otra nueva para rentarla a sus amigos y logra una ganancia cada semana, entonces fue una buena inversión. ¿Dónde debería invertir dinero y cuándo debería ahorrarlo? Siempre es una buena idea ahorrar dinero en vez de invertirlo, o cuando cree que la inversión podría resultar mala. Algunas inversiones malas son bastante obvias, mientras otras están simplemente esperando para volverse una experiencia de aprendizaje.

El orden correcto debería ser siempre ahorrar primero, y luego usar una porción pequeña de sus ahorros para invertir en algo que crea que valdrá la pena. Si la inversión no funciona, aún tendrá sus ahorros para apoyarse en ellos.

Invertir contra Gastar

Gastar es simple, mientras que invertir requiere un poco de

planificación, lo que significa que usará su cerebro para pensar las cosas, y ello es siempre mejor. Gastar le dará felicidad momentánea, mientras que una inversión le dará felicidad a lo largo de la vida si funciona. No digo que no debería comer afuera o ir por un helado de vez en cuando. Solo digo que necesita mantener los gastos bajos y las inversiones altas. Cuando no sabe en qué invertir su tiempo, simplemente invierta en usted mismo. Invierta en cómo se ve (ejercicio), en su cerebro, y en su salud.

Dar contra Gastar

De vez en cuando, se encontrará en una posición de ayudar a alguien o comprarse algo para usted mismo. Aprender a pensar en otros y ayudarlos de alguna forma, lo preparará para volverse un mejor jefe o dueño algún día, además de ser una mejor persona en general. A veces puede dar en la forma de tiempo al enseñar algo útil o importante a alguien. No siempre tiene que vender lo que da. Simplemente de y sea feliz por ello. Otros aprenderán de su ejemplo y harán lo mismo cuando el tiempo llegue. Siempre lidere con el ejemplo y verá que otros le seguirán. Sea un líder al dar el ejemplo correcto. La vida siempre encuentra una forma de devolverle, ya sea con buena salud, buenos amigos y familia, buena vida, o incluso sorpresas inesperadas. Simplemente ver a alguien más feliz porque se beneficiaron de lo que usted dio, debería ser una recompensa suficiente.

Planificando las expensas con anticipación

¿Es difícil salir y decidir hacer un presupuesto de lo que gasta, para saber cómo prevenirse de gastar más de lo que debería? Anotar qué cosas necesita comprar y los costos de cada una, le permitirá hacer un presupuesto inteligente y prevendrá que gaste de más. Si decide que gastará $100 en el supermercado, lleve un poco de dinero extra por cualquier cosa que se pueda haber olvidado de anotar y que necesite comprar. Pero no lleve demasiado porque podría cambiar de parecer y terminar gastando más de los $100 planificados.

AHORRE + INVIERTA + GASTE = ÉXITO

El orden general de la administración del dinero que ha funcionado por muchos años es:

Ahorre dinero, luego invierta una porción en su negocio o usted mismo, y lo que tenga restante, gástelo en cosas que necesite. Esto le dará éxito a lo largo del tiempo, y ayudará a darse cuenta de lo que realmente necesita.

Si primero gasta, luego decide invertir y luego intenta ahorrar lo que resta, eventualmente estará en problemas financieros.

Así mismo, si primero invierte y después gaste, y finalmente ahorra lo que resta, siempre ahorrará menos dinero de lo que debería, y no es el fin. Si una inversión no funciona, usted no tendrá ahorros para resguardarse. Los ahorros son la prioridad.

Cómo deberían funcionar los porcentajes a su favor

La regla general debería ser ahorrar 20-50% de su ingreso.

Invierta 10-30% de lo que ahorra. Invierta en cosas en las que tenga control completo, y sepa que serán exitosas. No confunda invertir con apostar, ya que muchas personas piensan que arriesgar su dinero es lo mismo que invertir, pero no lo es.

Gaste y devuelva 10-20% de lo que queda luego de ahorrar. Devolver puede ser en forma de donaciones monetarias o no monetarias, como pasar tiempo ayudando a otros enseñándoles, entrenándolos o dando tutorías.

De esta forma, 100% de su ingreso o el dinero que recibe, se reorganiza de acuerdo al nivel de prioridad correcto. Ahorrar es la prioridad número uno, y gastar la última. Dar o compartir puede ser una opción en vez de gastar, ya que podría encontrar que dar a otros le da más felicidad en retorno. Compartir no es algo que muchos chicos aprenden, pero debería serlo. La vida no siempre es balanceada, y no todos obtienen lo que merecen. Algunas personas reciben muchos talentos u oportunidades para disfrutar, mientras otros tienen pocos. La vida tiene una forma de dar la vuelta. De lo mejor de usted mismo y la vida le dará lo mejor a usted de una u otra forma.

Capítulo 4

¿QUÉ ES EL CRÉDITO Y CÓMO DEBERÍA SER ADMINISTRADO?

"Enseñe a los niños para que no sea necesario enseñar a los adultos."

Abraham Lincoln

Evitar el crédito no es necesariamente una idea inteligente. Si sabe administrarlo correctamente y seguir algunas reglas simples, usted será capaz de tomar direcciones financieras inteligentes. Pagar por cosas en efectivo o con una tarjeta de débito siempre es mejor que financiar, pero en algunos casos saber cómo administrar la deuda es importante, y necesita ser aprendido. Por ejemplo, al comprar una casa usted necesitará tener un buen crédito para obtener financiamiento del banco. Si es capaz de juntar el dinero suficiente, puede saltarse el financiamiento por completo, pero la mayoría de las personas no tienen suficiente dinero en el banco para pagar por una casa por completo, por lo que deben obtener un préstamo del banco. Hay otras situaciones en las que necesitará tener buen puntaje también, por lo que necesitará aprender acerca del crédito y cómo administrarlo apropiadamente para poder usarlo sólo cuando es necesario.

Reglas importantes a seguir cuando se trata del crédito:

1. No tome dinero prestado si puede pagar en efectivo
2. Siempre pague lo que debe (cuanto antes mejor)
3. Nunca tome prestado más de lo que puede pagar
4. Nunca tome prestado para comprar cosas que no necesita
5. Nunca tome prestado para hacer inversiones riesgosas.

Dinero contra Crédito

La mayoría de las personas viven de uno o del otro. O tienen dinero en el banco, o tienen tarjetas de crédito y débito. El crédito puede usualmente ser beneficioso si se administra apropiadamente. La regla general es solo gastar lo que pueda devolver inmediatamente, y no después de cobrar. Tener efectivo debería ser su prioridad, y luego el crédito disponible es secundario. Tener dinero en el banco es una prioridad porque no necesita pagar interés por él, e incluso podría estar recibiendo interés sobre interés (interés compuesto). Mientras tanto, las tarjetas de crédito requerirán que usted pague interés sobre el dinero que debe. Así mismo, cuando usted usa tarjetas de crédito, usted paga tasas de interés altas y a veces impuestos anuales, lo que puede hacer las cosas peores.

RECUERDE LA REGLA: "Solo utilice crédito cuando tenga la misma cantidad de dinero en el banco para pagarlo inmediatamente."

Ahorrar contra pagar interés

La mayoría de las personas hacen una de dos cosas. O ahorran dinero hasta que pueden costear lo que quieren comprar, o usan su tarjeta de crédito y financian la compra. Cuando usted ahorra dinero, no paga interés. Cuando usa una tarjeta de crédito, se le cobrará interés sobre el dinero utilizado. Pagar interés significa que lo que compró se volvió más caro, simplemente porque lo financió. Sepa la diferencia entre estas dos opciones, ya que pueden determinar su nivel de riqueza en el futuro.

Ejemplo:

Ahorrar usando el interés compuesto por 30 años

Alguien que es capaz de ahorrar $500 por mes y gana una tasa de interés de 1% en una cuenta de ahorro que combina mensualmente, tendrá $209,814 luego de 30 años.

Pagar interés en una tarjeta de crédito por 30 años

Si usted paga $500 de interés por mes por 30 años, habrá pagado $180,000.

¿Cuál es la diferencia?

Ahorrar $500 usando el interés compuesto, le permitió tener $209,814 luego de 30 años, mientras que hacer pagos de interés de $500 a lo largo de 30 años, le permitió ahorrar "$0". Es por ello que es importante mantenerse lejos de la deuda y el pago de intereses. A través del tiempo, una persona prosperará mientras otra no habrá avanzado ni un poco. Puede ser un resultado frustrante o reconfortante luego de 30 años, y depende completamente de usted. No entre en deuda, y si ya lo está, encuentre una forma de salir pronto.

El proceso del crédito

Para financiar una compra, usted necesita una tarjeta de crédito. Para tener una, necesita ser aprobado por un banco para tener acceso a crédito. Para tener acceso a crédito, necesita un puntaje. Cuanto más alto sea su puntaje, más chances tendrá de ser aprobado.

¿Qué es un puntaje de crédito?

Esto es un número que los bancos y prestamistas usan para determinar si vale la pena crediticiamente. ¿Deberían prestarle dinero? ¿les ha devuelto a otros en el pasado? Los puntajes crediticios varían de 300 a 850. Las personas que deben dinero son llamados prestatarios. Aquellos que tienen un puntaje alto, son más propensos a devolver un préstamo.

Los puntajes de crédito están determinados por un número de factores, incluyendo:

- Qué tan nuevo o viejo es su historial crediticio. Cuándo se le dio acceso por primera vez a crédito, sin importar de qué forma fue provisto. Menos de 1 año es considerado muy nuevo, y no le permitirá que su puntaje sea alto. Más de 5 años está bien. Más de 10 años es excelente.

- Cuánto crédito tiene disponible. Si su tarjeta tiene un límite de $300, entonces tiene un límite muy bajo. Si tiene una tarjeta con un límite de $10,000, entonces tiene un límite alto, y debería tener potencial para un puntaje alto.

- Cuánto debe. Usted necesita asegurarse que lo que debe en su tarjeta o deuda sea menos de 30% del límite, pero cuanto menos sea mejor. Recuerde, usted querrá pagar su tarjeta por completo cuando la factura llegue, ya que acarrear deuda significará que estará pagando interés. Por ejemplo, si tiene una tarjeta de crédito con un límite de $1,000 y compró libros y otros elementos por $100, entonces estaría en un 10% de su límite: 100/1,000 = 10%.

- Cuántas veces aplicó para crédito. Usted necesita aplicar para crédito solo para crear un perfil crediticio, y cuando lo necesite. Aplicar muy seguido reducirá su puntaje.

- Mezclar los tipos de crédito que tiene también mejorará su puntaje crediticio. Esto no es una regla y no siempre es el caso, pero usualmente lo recomiendan las agencias reportadoras de crédito. Muchas personas que tienen solo tarjetas de crédito o solo un préstamo automotor, pueden usualmente tener puntajes muy altos siempre que hayan pagado a tiempo.

Algunos tipos de crédito que las personas tienen o deben, son:

- Tarjetas de créditos
- Préstamos automotores
- Préstamos estudiantiles
- Hipotecas (préstamos para casas)
- Préstamos empresariales
- Tarjetas de tiendas

Pagar a tiempo

Este es uno de los componentes más importantes utilizados para determinar su puntaje crediticio. Siempre pague su tarjeta de crédito a tiempo y antes de su vencimiento.

Si el vencimiento es el día 15 del mes, páguela el día 10, para que permita que el pago llegue y sea procesado a tiempo. No pagar las facturas a tiempo garantizará que tenga un puntaje crediticio bajo, y que otros bancos no le presten dinero. Si paga a tiempo consistentemente, usted verá un incremento gradual en su puntaje crediticio.

¿Cuántas veces ha aplicado para crédito?

Si usted aplica constantemente para tarjetas de crédito y constantemente se lo rechazan, su puntaje caerá. Cuando alguien verifica su puntaje para prestarle dinero, se denomina una "consulta de crédito". Usted necesita mantenerlas al mínimo, ya que muchas de estas reducirán su puntaje y harán que los bancos se pregunten por qué está tan desesperado por crédito. Menos de 3 por año es ideal.

¿Cómo afecta su puntaje crediticio a su futuro?

Hace pagos a tiempo en su tarjeta de crédito puede ayudarle a tener buen puntaje crediticio, lo que le ahorrará mucho dinero al comprar una casa y financiar una hipoteca. Tener buen puntaje le ahorrará de tener que poner un depósito en garantía al conectar la electricidad en su casa. También puede ahorrarle en el seguro automotor, que a lo largo del tiempo puede incrementarse si su puntaje se reduce. Tener un buen puntaje incluso puede afectar su habilidad de conseguir un empleo. Si ven que usted no es capaz de realizar pagos a tiempo o no tiene crédito, podrían asumir que actuará irresponsablemente en el trabajo también. Financiar un auto o muebles son también razones por las que querrá tener un buen puntaje. Generalmente, cuanto más dinero financie, más bajo interés querrá tener. Las tasas de interés están comúnmente determinadas por su puntaje crediticio.

Como crear su crédito

Aplique para una tarjeta de crédito y compre algo que necesite (no que quiera). Luego, páguelo por completo. Eso es todo. No necesita deber dinero por un período de tiempo largo o comprar más cosas. Esto es algo que comúnmente se entiende mal, ya que asumen que necesitan deber dinero para tener buen crédito. De vez en cuando, usted necesita realizar alguna compra que pueda pagar inmediatamente, porque tendrá el mismo dinero en el banco. Compre lo que necesite y páguelo. Cuando llegue el momento de financiar algo más grande como una casa, usted estará listo.

Cómo administrar el crédito

No acarree deuda de mes a mes. No aplique para todas las

tarjetas de crédito que vea. Compre lo que necesite usando su tarjeta de crédito y páguelo cuando llegue la factura. Mantenga las cosas simples. Cuando empieza a acarrear deuda, las cosas se vuelven complicadas.

Cómo pagar su deuda

Pagar su deuda es simple cuando tiene un plan y el dinero para hacerlo. Nunca haga pagos mínimos en una tarjeta de crédito, ya que podría nunca terminar de pagar lo que debe. Cuando nunca puede pagar su deuda, usted se vuelve un esclavo del dinero. Nunca deje que el dinero sea su dueño. De eso no se trata la vida, asique necesita entender esto bien.

Tener tarjetas de crédito puede ser beneficioso y se administran apropiadamente

Cuando viaja a otro país, puede ser muy útil tener una tarjeta de crédito para pagar por las cosas, en vez de llevar efectivo. Pagar las cosas en efectivo puede atraer ladrones en algunos países.

Algunas tarjetas de crédito tienen la posibilidad de retirar dinero u ofertas de millas de viajero, que pueden ser muy beneficiosas, pero tener deuda solo por el bonus no es inteligente. Solo obtenga esas tarjetas cuando planifique viajar o tiene gastos fijos que requerirán que pague con tarjeta de crédito. Así mismo, algunas tarjetas son mejores cerradas cuando tienen cargos anuales. Los cargos anuales son pagos que tiene que hacer cada año, simplemente por tener la tarjeta. Estos pueden ir desde $15 a $500. Asegúrese de descubrir si tienen cargos anuales antes de aplicar para una tarjeta de crédito. Algunas tarjetas eliminarán el cargo por el primer año, o le permitirán bajar de categoría a una más básica para eliminar el cargo.

Sea inteligente, no les dé a los bancos dinero gratis.

¿Cuántos puntajes crediticios puedo tener?

Actualmente, hay 3 puntajes que puede tener, pero la mayoría de los bancos solo mirará uno de ellos al decidir aprobarlo para crédito. Solo cuando aplique para una hipoteca se fijarán en los 3, y utilizarán un promedio de puntaje. Por ejemplo, podría tener 673 700 713 como sus tres puntajes. El banco utilizará 700 como su puntaje para calificar para la hipoteca, ya que es el del medio. Normalmente, los bancos solo mirarán 1 solo puntaje cuando determinen si darle crédito o no.

No toda esta información será relevante para su situación, pero como conocimiento general es bueno saber cómo funciona el crédito y cómo puede beneficiarse de él.

Capítulo 5

¿POR QUÉ DEBERÍA AHORRAR AHORA PARA SER DUEÑO DE SU CASA EN EL FUTURO?

"La educación cuesta dinero, pero también la ignorancia."

Claus Moser

Su casa será donde usted vivirá, y necesitará un lugar donde vivir sin importar dónde se encuentre en el mundo. Si renta un departamento o casa de alguien más durante toda su vida, nunca será dueño. Cuando usted es dueño de su casa, tendrá la capacidad de pagar el préstamo que el banco le dé para comprarla. Cuando termine de pagarlo, usted solo deberá pagar los seguros, impuestos, y otros costos de mantenimiento.

Prepárese para ser dueño para eliminar gastos futuros

Al pagar su hipoteca, usted elimina un gasto grande, lo que significa que tendrá más dinero para ahorrar o disfrutar la vida. Si compra su casa mientras es joven, puede pagarla con anticipación y ahorrar más temprano, para vivir una vida libre de deuda. Las cosas serán mucho más sencillas más adelante en la vida si toma un enfoque proactivo hacia ser dueño de su casa.

Estas son algunas de las expensas futuras que tendrá y necesitará mantener al mínimo para incrementar su capacidad de ahorro:

- Comida
- Refugio (su casa)
- Electricidad
- Gas
- Agua
- Auto
- Combustible

¿Qué es una hipoteca?

Una hipoteca es un préstamo bancario que le permitirá poner dinero como pago inicial al comprar una casa. Un pago inicial es el monto de dinero que actualmente tomará del banco para la compra de su casa. El banco le presta dinero a una tasa de interés fija la mayoría de las veces, lo que significa que usted pagará lo que le prestaron más un monto extra por el costo del dinero que le prestan, también conocido como "cargos de interés" en la forma de "tasa de interés". Los pagos normalmente se hacen mensualmente. El préstamo es pagado por completo luego de haber hecho pagos por el tiempo acordado, pero siempre puede pagarlo por adelantado si tiene el dinero para hacerlo y si el banco no le cobra una tasa por hacerlo. Para obtener una hipoteca, usted necesita la habilidad para realizar pagos mensuales, asique necesita tener el ingreso necesario para realizar estos pagos a tiempo.

¿Cómo ser aprobado para una hipoteca?

Ser aprobado para una hipoteca o préstamo requiere que tenga varias cosas bien. Algunas de las cosas que necesita son:

1. Tener una fuente de ingreso que sea suficiente para cubrir todos sus gastos. Este ingreso puede venir de un trabajo o negocio que haya empezado.
2. Tener ahorros de dinero para un pago inicial y costos de cierre (los costos que tendrá para comprar su casa).
3. Estabilidad laboral. Tener un trabajo o haber trabajado en el mismo tipo de negocio por al menos dos años muestra que ha estado trabajando de forma estable.
4. Un historial crediticio probado. Las deudas que hayan sido pagadas a tiempo muestran que usted es capaz de pagar responsablemente, y normalmente se ve en su reporte crediticio. Esto permitirá que los bancos y prestamistas tomen una decisión informada al determinar si prestarle o no dinero para comprar su casa.

¿Cómo se ve una hipoteca a 30 años?

Una hipoteca a 30 años se ve así:

Usted compra una casa por $300,000.

Usted obtiene financiamiento del banco en la forma de un préstamo de 95% (del valor de la casa), que sería de $285,000.

Esto significa que hizo un pago inicial del 5%, que es $15,000. Este es dinero que había ahorrado en su cuenta y usará para pagar una porción de la casa, mientras el banco le presta lo restante.

Sus pagos mensuales de hipoteca se verían así con una tasa de interés de 4.5%:

Pagos mensuales de hipoteca a 30 años: $1,144

Este pago incluye el principal y el interés. El principal es lo que usted paga de la deuda (usted devuelve lo que le dieron a préstamo) y el interés es el cargo que debe pagar al banco por financiar la compra de su casa. Los pagos se realizan por 30 años, pero en muchos casos se pueden terminar de pagar antes de tiempo. Una hipoteca es una responsabilidad grande que requiere que tenga un ingreso suficiente y ahorros para continuar pagando a tiempo. Si alguna vez realiza un pago tarde, tendrá que pagar un impuesto por mora, que varía dependiendo del banco, asique nunca pague tarde. Algunas personas obtienen hipotecas por tiempos más reducidos, como 10 o 15 años, pero esto significará que sus pagos mensuales serán más altos también.

¿Cómo paga su hipoteca?

Pagar por completo su hipoteca requiere planificación y ahorro. Las cosas claves que hay que recordar son: ¿gano suficiente dinero cada mes para ahorrar lo necesario y pagar mi hipoteca antes? ¿puedo hacer pagos adicionales de hipoteca para reducir la deuda que tengo con el banco?

Para ahorrar más, usted necesita hacer 3 cosas:

- Reducir sus expensas generales
- Incrementar su ingreso
- Ahorrar cada mes antes de pagar expensas, y ganar interés compuesto sobre esos ahorros.

Planificar el pagar su hipoteca más temprano requiere que haga pagos adicionales cada mes, o de manera consistente. Usted debería planificar seguir en un monto de pago con el que esté cómodo para hacer cada mes, mientras ahorre dinero.

¿Efectivo o hipoteca?

Si ha ahorrado suficiente dinero para pagar una casa en

efectivo y no necesita que el banco financie, siempre es mejor ya que se ahorrará los pagos de interés.

Capítulo 6

CÓMO PUEDE EL INTERÉS COMPUESTO IMPULSAR SU FUTURO FINANCIERO

"No confine a sus hijos a su propia enseñanza, pues ellos nacieron en otro tiempo."

Proverbio Chino

La fuerza más poderosa en la tierra

El interés compuesto es interés que usted cobra sobre sus ahorros que han sido mantenidos en una cuenta bancaria. El interés que usted cobra no requiere que usted trabaje por él o que haga algo adicional tampoco. El banco simplemente le paga por mantener su dinero en su cuenta bancaria. Es así de simple, y muy efectivo si se hace constantemente a lo largo del tiempo.

¿Cómo empieza a ganar interés compuesto?

Simplemente vaya a un banco y descubra cuál es el que más paga interés en sus cuentas bancarias, y confirme que ese interés se combine mensual o diariamente. Usted no querrá ganar interés trimestral o anualmente, porque hay muchos otros bancos que lo hacen mensual o incluso diariamente. Una vez que encuentre el banco que pague la tasa de interés más alta y que combine interés mensual o diariamente, pregunte qué requisitos tiene la cuenta en términos de montos mínimos para su apertura, y si hay costos asociados con la cuenta. No pague impuestos. Si lo hace, perderá el beneficio del interés compuesto. Siempre escoja una cuenta que no tenga costo, pague interés alto y combine interés al menos mensualmente.

Su objetivo debería ser depósitos automáticos cada mes en un monto específico, para que pueda ver cómo crece su dinero, y empezar a ver los efectos del interés compuesto. Usted debería ver pagos de interés cada mes, depositados en su cuenta y hechos por el banco. Cobrar interés es genial, pero recuerde no retirar ese interés para poder ganar interés sobre él también. ¡Esa es la cereza encima de la torta!

Algunas de las personas más ricas en el mundo viven del cobro de intereses, todo gracias al poder del interés compuesto. Use su ejemplo y siga los simples pasos necesarios para crear una riqueza de larga duración a través de los años.

Cuanto antes empiece, mejor. Cuanto más joven sea, más años tendrá para empezar a recibir pagos de interés, y más se beneficiará del interés compuesto.

Pequeñas cantidades pueden volverse grandes a lo largo del tiempo al utilizar el interés compuesto, asique no importa si empieza pequeño. La clave es hacer depósitos consistentes cada mes, y cobrar interés para que el efecto de combinación crezca exponencialmente.

Este es un enfoque simple hacia la creación de riqueza que lo sorprenderá una vez que empiece a ponerlo en práctica

Ejemplo 1:

Si deposita $500 cada mes y su cuenta combina interés al 1%.

Si tiene una cuenta de ahorro que combine interés a una tasa de 1% (a lo largo de 30 años), y deposita el mismo monto cada mes, que en este caso sería $500, usted acumularía aproximadamente $209,814 luego de 30 años.

Ejemplo 2:

Si deposita $10,000 cada mes y tiene una cuenta que combina interés al 3%

Si usted tiene una cuenta de ahorro que combine interés a una tasa de 3% (a lo largo de 30 años) y deposita la misma cantidad cada mes, que en este caso sería $10,000, usted acumularía aproximadamente $5,827,369 luego de 30 años.

Cuanto más ahorre y más alta sea la tasa de interés, más se beneficiará del interés compuesto. Así mismo, cuanto antes comience a ahorrar y ganar interés, más rápido crecerá.

Capítulo 7

EL INTERÉS COMPUESTO COMO UN COHETE O ANCLA

"La curiosidad en las mentes de los niños debería ser cultivada para aprender más que números y letras. Los niños necesitan aprender de la vida, del dinero y cómo volverse líderes en nuestra sociedad cambiante."

Desconocido

El interés compuesto puede tener efectos poderosos en sus finanzas a lo largo del tiempo. Puede funcionar a su favor si cobra interés compuesto, y puede funcionar en su contra si paga interés de una deuda de tarjeta. Saber cómo beneficiarse del interés compuesto y hacerlo parte de su vida, debería ser una de sus principales prioridades financieras.

El interés compuesto contra la deuda

Una vez que empieza a hacer compras con su crédito, usted empezará a pagar interés, y cuando deje que el interés se acumule, empezará a hacer pagos de interés sobre interés. Esto es interés compuesto trabajando contra usted. Esto es lo que usted no quiere. Aprenda a pagar las cosas en efectivo o pagar cualquier comprar con su tarjeta ese mismo mes.

Su objetivo debería ser que el banco le pague interés sobre interés que acumule en su cuenta bancaria, y que se combine diaria o mensualmente. Ganar interés compuesto debería ser su objetivo principal y a la mayor tasa sin riesgo, lo que significa que debe venir de un banco y no de un familiar o amigo que le ofrece una tasa mayor.

No pague interés compuesto (interés sobre las deudas). Cobre interés compuesto. Pagarlo es un camino garantizado a nunca volverse financieramente estable o rico. Muchas personas están trabadas pagando interés de tarjetas de crédito, y deberían hacerlo tan pronto como sea posible. Ganar interés compuesto le permitirá encontrar felicidad financiera y crecimiento de larga duración. Nunca deje que el interés compuesto se vuelva un ancla en su vida.

¿Debería pagar mis deudas o continuar recibiendo pagos de interés del banco sobre mis ahorros?

Esta es una pregunta común que la mayoría de las personas hacen y tienen problema para decidir, pero siempre debería ser respondida de la misma forma. Pague sus deudas usando sus ahorros antes de empezar a recibir interés compuesto. La razón de eso es porque usted no puede avanzar financieramente si está pagando interés sobre deudas y cobra interés sobre ahorros. El resultado final será que no habrá hecho ningún progreso, sin importar lo que haga. Usted probablemente pagará más interés del que gana, ya que los bancos cobran tasas mucho más altas por tarjetas de crédito que lo que paguen en cuentas de ahorro. Pague sus deudas y luego ahorre suficiente dinero para empezar a ganar interés compuesto de ello, ahora que no tiene deuda.

Para volverse financieramente exitoso, siempre recuerde:

1. Ahorre dinero
2. Pague sus deudas
3. Cuando esté libre de deuda, empiece a ganar interés compuesto sobre sus ahorros.

El interés compuesto como un cohete

Al intentar lanzar un cohete a la luna, usted no puede volar hacia arriba y abajo, o el cohete nunca despegará. Usted necesita enfocarse en ir hacia arriba, para poder despegar a potencia máxima. Es así como funcionan también las finanzas. Elimine deuda y pagos de interés para poder permitir que sus ahorros crezcan a través del interés compuesto.

Manteniendo amigos y familiares

Siempre deje que sea el banco el que le pague interés compuesto, y no amigos o familiares que piden que invierta con ellos. Si quiere darles dinero o donar dinero a amigos o familiares, eso es completamente diferente y es una decisión que puede tomar con los ahorros que tenga acumulados. Escoja mantener a sus amigos y familiares cerca tomado decisiones sabias al escoger cómo prestar dinero.

Ahorre más para incrementar el interés compuesto

Para crecer financieramente, usted necesita incrementar sus ahorros. Al incrementar sus ahorros, usted tendrá la capacidad de incrementar el interés compuesto que recibe. Para incrementar sus ahorros, usted necesita gastar menos y ganar más dinero. Descubra en qué está gastando que podría eliminar o reemplazar con algo más que cueste menos y aún lo beneficie.

Algunas de las mejores formas para reducir gastos son:

- Planifique sus expensas antes de tiempo
- Compre lo que necesite y no lo que quiera. Puede presupuestar cantidades pequeñas de dinero para cosas que quiere, pero asegúrese de que represente un porcentaje pequeño de sus ingresos.
- Dilate las compras impulsivas un día o dos para ayudar a decidir si es realmente necesario.
- Lleve menos dinero con usted y prevenga usar tarjetas de crédito. Las tarjetas usualmente tienen límites altos, lo que simplifica el gastar más, y que podría ser un gran problema para muchas personas.
- Compre con personas que tengan una mentalidad similar. Si compra con gastadores, tendrá mayor dificultad para ahorrar, y probablemente gastará más de lo que debería. No compre con ellos a menos que solo ellos estén comprando.
- Lleve efectivo o tarjetas de débito en vez de tarjetas de crédito.
- Reemplace el entretenimiento que requiera pagar con aquel gratuito o muy barato.
- Deshágase de las subscripciones o gastos recurrentes.

Ejemplo:

Ahorrando $1,000 por mes con una tasa de interés mensual de 1%

Si usted deposita $1,000 cada mes y el interés se combina a una tasa de 1% mensual, así es como se vería luego de 30 años:

Año 1: $12,055

Año 2: $24,231

Año 3: $36,530

Año 4: $48,952

Año 5: $61,499

Año 6: $74,172

Año 7: $86,972

Año 8: $99,901

Para simplificar, saltearemos al año 30:

Año 30: $419,628

¿Cuál fue el resultado?

En este caso, se ahorraron $360,000 y $59,628 fueron ganados en la forma de pagos de interés que el banco le hizo. No tuvo que trabajar o hacer mucho esfuerzo para recibir esos $59,628, y es por ello que se considera un ingreso pasivo. Esto fue basado en una tasa de interés de 1% mensual, pero algunos bancos pagan más. Siempre puede mover su dinero a otro banco que ofrezca 2% o 3% o más. La mayoría de los bancos no tienen una penalidad por retirar dinero de su banco (siempre pregunte si hay algún costo de retiro), asique no piense dos veces en mover su dinero a un banco que pague más.

Capítulo 8

PIRATEE SU CUENTA DE AHORROS

"Dime y me olvidaré, enséñame y podría recordar, involúcrame y aprenderé."

Benjamin Franklin

Todos sabemos lo importante que es ahorrar dinero para el futuro, ¿pero sabe cuál es el mejor camino para lograrlo? Esta es probablemente la pregunta más importante que debe hacerse. Para algunas personas, ahorrar es simplemente imposible, por malos hábitos de gasto o un ingreso insuficiente. Gastar menos e incrementar su ingreso son necesarios para ahorrar lo necesario para tener un futuro financiero más brillante. Tomarse el tiempo para disminuir todas sus expensas diariamente le dará una visión más realista de cuánto está gastando en verdad. Incrementar su ingreso puede ser tan simple como empezar un segundo empleo, o hacer actividades extracurriculares como cuidar niños, dar tutorías de diferentes materias, entrenar, etc.

¿Cómo puede impulsar su cuenta de ahorros al punto de maximizar su potencial?

1. Enfóquese en incrementar sus depósitos al planificar con anticipación cuánto puede reservar cada mes para sus ahorros.

2. Salga a buscar las cuentas con mayor interés. Algunas cuentas bancarias podrían requerir un balance promedio más alto, que necesite ser mantenido en la cuenta en todo momento, mientras otros podrían requerir un depósito directo mensual. Encuentre uno que siga su situación específica y le dé la mayor flexibilidad en caso de que haya otra cuenta que pague más en otro banco. Los certificados de depósito pueden pagar más en algunos bancos, pero atan su dinero y normalmente no pagan interés compuesto, que es su fin principal.

3. Encuentre un banco que tenga cuentas que combinen interés mensualmente o diariamente, para obtener los mayores efectos de sus ahorros.

4. Encuentre bancos que ofrezcan bonus de apertura, que pueden incrementar considerablemente sus ahorros, más que simplemente recibir pagos de interés sin un bonus inicial. Asegúrese de que siempre sea un bonus que requiera un período de tiempo corto por el cual tenga que mantener su cuenta (normalmente menos de 6 meses).

5. Está bien cerrar cuentas bancarias y abrir nuevas que paguen mayor tasa de interés, ya que su objetivo es recibir la mayor cantidad de pagos de interés

ininterrumpidos a lo largo del tiempo, para que su dinero crezca. Algunos bancos pagan una tasa inicial más alta al principio, que bajan luego de algunos meses. Una vez que lo hagan, mueva su dinero a otra cuenta, ya que no debería ser afectado negativamente cuando estos cambios ocurran. Asegúrese de que no hayan penalizaciones o cargos por cerrar estas cuentas antes de abrirlas.

Capítulo 9

SER DUEÑO DE EMPRESA CONTRA SER EMPLEADO

"No puedo enseñar nada a nadie. Solo puedo hacerlos pensar."

Sócrates

Empecemos con algunas preguntas sobre conceptos simples que necesitará saber y entender acerca de empezar e invertir en un negocio.

¿Qué es un negocio?

Un negocio es una entidad legal que hace su dinero de producir cosas, ofreciendo un servicio, o vendiendo cosas ya manufacturadas. El objetivo de la mayoría de los negocios es obtener una ganancia. Pueden ser empezados por 1 o más personas.

¿Por qué debería empezar un negocio?

Empezar un negocio puede ser una experiencia divertida y gratificante, que lo beneficiará económica y psicológicamente. Económicamente usted tendrá el potencial de hacer más dinero que al trabajar para alguien más, y le ahorrará dinero en impuestos. Psicológicamente puede liberar más de su tiempo si es capaz de estructurar el negocio de una forma en que sus empleados hagan todo el trabajo y usted administre las operaciones generales del mismo. Puede ser estresante, pero mucho menos estresante que tener un jefe y fechas límite. Usted tendrá la libertar de tomar sus propias decisiones en vez de seguir órdenes.

VEAMOS ALGUNAS DE LAS VENTAJAS Y DESVENTAJAS DE SER DUEÑO DE UN NEGOCIO

Ventajas de empezar un negocio:

- Mas libertad de tomar decisiones
- Potencial para hacer más dinero que trabajando como un empleado.
- Potencial para pagar menos en impuestos en una base porcentual.
- Recibir toda la gloria cuando es exitoso
- Puede elegir su horario de trabajo y vacaciones.

Desventajas de empezar un negocio:

- Más responsabilidad cuando se trata de tomar decisiones

- Más horas trabajadas inicialmente para empezar las cosas
- El riesgo de perder el dinero que invirtió en el negocio
- Tener que administrar empleados
- Largas horas y trabajar más días de la semana, dependiendo del tipo de negocio que tenga.

¿Qué son los impuestos de un negocio?

Los impuestos de un negocio es lo que usted tiene que pagar al estado o gobierno en impuestos por las ganancias del negocio que tiene durante el año. Normalmente, los impuestos personales tienen muy pocas cosas de las que deducir de su ingreso, mientras los negocios le permiten deducir muchas expensas. Al deducir más expensas, usted es capaz de reducir lo que paga en impuestos.

¿Es mejor pagar mucho en impuestos o poco?

Pagar impuestos beneficia a la sociedad en su conjunto, ya que el gobierno puede usar el dinero recolectado para construir más carreteras, mejorar colegios y contratar más empleados, lo que incrementa los empleos. Para usted como persona, pagar impuestos reduce lo que es capaz de ahorrar, lo cual lo afectará negativamente en los años por venir.

Cómo iniciar un negocio

La mejor forma de iniciar un negocio es pensar todas las cosas que realmente disfrutar hacer diariamente. ¿Qué pasatiempos tiene? ¿qué actividades pasa más tiempo haciendo? Estas son preguntas importantes al determinar qué tipo de negocio querrá iniciar. Usted siempre debería escoger un negocio en el que haga algo que ama. Por ejemplo, si le gusta comer, considere un negocio que pueda iniciar que involucre comer, preparar comida, probar comida, desarrollar nuevos tipos de comida, etc. Otro ejemplo sería si disfruta hacer ejercicio, podría empezar un negocio que involucre entrenar a otros, desarrollar equipamiento de ejercitación que podría tener un uso específico, crear una bebida para deportes o barra energética paya ayudar a los atletas a recuperarse más rápidamente y desenvolverse mejor, etc. Hay millones de formas de afrontar el inicio de un negocio, pero la mejor forma es escoger algo que ya ame hacer.

¿Por qué es importante tener un negocio en el que ame lo que hace?

Si usted ama hacer alguna actividad en particular, no le molestará pasar todo el día en ello, e incluso trabajar fines de semana si es necesario. La mayoría de los negocios requieren largas horas inicialmente, y mucho esfuerzo para hacerlo exitoso ya que la rentabilidad viene después. Para ser exitoso, usted necesita incrementar las ventas y atraer clientes a su tienda. Las personas usualmente comprarán algo de alguien que realmente crea en su producto o servicio. Si usted vende algo que ama, será mucho más fácil motivar a las personas para que lo compren.

Si ama dibujar o pintar, enseñar a alguien más a hacerlo se sentirá natural y sin esfuerzo. El tiempo pasará más rápido y no sentirá que está trabajando. Dibujar y pintar todo el día no será un problema para usted, y si necesita quedarse hasta tarde trabajando, no le importará. Es por esto que es importante trabajar en algo que realmente ame.

¿Qué pasa si empieza un negocio que no ama, pero tiene el potencial de ser muy rentable?

Eso está perfectamente bien. Solo recuerde que el fin último no debería ser el dinero, sino lo que planee hacer con él. Esto le ayudará a contestar la pregunta real, que es "¿en qué quiero pasar mi tiempo haciendo?" Si usted quiere hacer suficiente dinero para viajar alrededor del mundo, encuentre un negocio que le permitirá hacer esto, pero no lo haga solo por el dinero. Empezar un negocio solo por el dinero es como correr para perder peso. Podría haber otras alternativas para perder peso que disfrute más y pueda hacer por horas porque disfruta de ello. Si quiere perder peso podría hacer otras actividades como karate, cardio boxeo, natación, fútbol, gimnasia, tenis, etc.

Muchos empresarios exitosos enfatizan la frase: "Haga lo que ame y el dinero vendrá".

Empiece ahora con ideas simples que pueda desarrollar

Tome una hoja de papel y empiece a escribir negocios diferentes que podría empezar, basado en actividades que disfrute y en las que sea bueno. Sea tan específico como pueda. Incluya todas las cosas que necesitaría y las personas que estarían involucradas. Así mismo, incluya los costos iniciales que tendría y qué tipo de ganancias espera tener, realísticamente. Siempre es bueno tener un escenario del peor caso y el mejor caso al estimar números, para poder estar preparado para malos tiempos (tener que reducir) o buenos tiempos (moverse a una ubicación mayor y contratar más empleados).

Asegúrese de especificar elementos claves que todos los negocios necesitan, como:

- Ubicación: esto puede ser una tienda, su casa o en línea.
- Horario: decida qué tipo de cronograma tendrán usted y su negocio.
- Empleados: usted necesitará empleados o hará todo el trabajo por su cuenta.
- Inversión inicial: ¿cuánto dinero necesita para empezar?
- Producto: decida qué venderá. ¿Venderá un producto o proveerá un servicio?
- ¿Cuánto cobrará por su producto y servicio?
- ¿Cuánta ganancia tendrá por cada producto o servicio que provea?
- ¿Cuánto necesita ganar por cada producto para cubrir todos los gastos, incluyendo salarios?
- ¿Qué tan pronto puede iniciar el negocio?
- ¿Cuánto llevará obtener ganancia?
- ¿Qué tan competitivo es este producto o servicio? Descubra quién será su competencia y si su ubicación será ideal para este tipo de producto.
- ¿Cómo promocionará su producto al público? El mercadeo de su producto traerá clientes, que se transformarán en ventas.

Capítulo 10

CREANDO UNA MÁQUINA DE DINERO

"Nunca he dejado que mi escolarización interfiera con mi educación."

Mark Twain

Las empresas usualmente se consideran máquinas de dinero, porque tienen la capacidad de incrementar su potencial de ingreso o el dinero que es capaz de producir. Las compañías pueden proveer a sus dueños muchos beneficios, pero los principales dos son: capacidad de hacer dinero y el beneficio de deducir más expensas del ingreso antes de pagar impuestos. Los dueños de empresas tienen mucha más flexibilidad y libertad para decidir qué se hará para hacer que sea exitoso que los empleados.

¡Empiece su propio negocio!

Usted definitivamente debería iniciar su propio negocio si siente que tiene el deseo de ser su propio jefe y hacer sus propias reglas, en vez de tener que escuchar a su jefe decirle qué hacer como empleado. Para iniciar su propio negocio, usted necesita:

- Incorporar su empresa

- Obtener una identificación para impuestos de su negocio
- Obtener los permisos requeridos para conducirlo legalmente
- Encontrar una ubicación física para empezar su negocio, o crear un sitio web para conducir el empleo en línea
- Abrir una cuenta de negocios en una red social para decir a todos que tiene un negocio.

Sea creativo

Al iniciar un negocio, usted tiene la habilidad de ser creativo y escoger qué tipo de negocio quiere tener, y qué productos vender. Negocios nuevos e inusuales han sido desarrollados y no existían antes, como:

- Rentar carros de bebé, sillas para el auto
- Negocios de tutorías
- Alquiler de artículos para bodas

Sea creativo en cómo mercadea su producto también. Algunas personas dejan a todos saber que tienen un negocio al realizar una fiesta u ofrecer comida gratis.

Decida cuál será su mercado

¿Está dirigido a niños o adultos? ¿mujeres u hombres? ¿Su mercado será en español, francés, italiano, alemán, ruso, portugués o inglés? ¿Se dirigirá a madres o padres? Decida quién será su comprado, para saber a quién dirigir la publicidad y cómo empacar su producto.

Proyecte ventas a futuro

Decida de antemano qué tipo de ingreso necesita realizar para cubrir todas sus expensas y aún tener suficiente para cubrir sus gastos personales también. Este número es muy importante. Descubra cuántas ventas necesita y cuánto necesita cobrar para cubrir todos los costos. Si tiene que cobrar más por su producto que la competencia, será difícil vender. Si necesita vender 1,000 unidades por semana, pero su competencia solo vende 300 por semana, esto le dirá si necesita reducir sus costos o encontrar una forma de incrementar sus ventas. Siempre estime cuáles necesitan ser sus ventas futuras antes de iniciar algo.

Aprenda a publicitar

El publicitar y mercadear han cambiado dramáticamente a lo largo de los años. Ahora es capaz de usar las formas tradicionales y modernas de publicidad. Es importante adaptarse al mundo en el que vivimos, y usar métodos de publicidad más nuevos y menos costosos es muy inteligente.

Formas tradicionales de mercadeo serían:

- Enviar folletos a personas que vivan en el área donde está su tienda
- Poner un aviso en el periódico
- Poner avisos en revistas locales
- Boca a boca
- Folletos por correo

Formas modernas de mercadeo serían:

- Avisos en redes sociales
- Promociones y ofertas en redes sociales
- Sitio web que pueda ser encontrado cuando alguien busque un producto en particular
- Avisos por texto (celular)
- Avisos en aplicaciones (celular)

Usando las redes sociales para publicitar

Las redes sociales están creciendo rápido, y son capaces de incrementar las ventas simplemente al hacerle saber a otros que tiene un producto o servicio que ofrecer. Ser capaz de publicitar su producto o servicio usando una mezcla de productos de mercadeo, le permitirá ver qué funciona y qué no. Las redes sociales pueden incluir:

- Facebook
- Twitter
- Instagram
- Pinterest
- Google+
- LinkedIn

Hay muchas otras. YouTube se ha vuelto popular también, ya que se puede volver accesible visualmente a través de videos que otros pueden ver y referir a otros. Para algunos negocios, YouTube es su principal fuente de mercadeo, simplemente porque algunos productos o servicios requieren que otros vean cómo funciona, o que sea una fuente de información creíble (esto es más para servicios profesionales que podría ofrecer).

Prepare sus finanzas para administrar mejore el ingreso y expensas

Asegúrese de usar algún tipo de programa o al menos Excel para administrar sus finanzas, para poder evaluar con precisión cómo va su negocio. Incluso escribir el ingreso y gastos en una hoja de papel es mejor que no tener ninguna información desde la cual poder tomar decisiones. Al ver cómo le va a su negocio diaria o semanalmente, usted sabrá si necesita hacer cambios a su plan actual. Esto es importante porque le ahorrará tiempo y dinero, lo que le permitirá mantenerse en el negocio. Tómese el tiempo cada día o semana para sentarse y descubrir cuántos está gastando y cuántos está ganando en ventas. Una vez que sepa sus números, puede hacer cambios para volverse más ventajoso y competitivo. Podría necesitar reducir costos o incrementar el precio de sus productos, dependiendo de cómo estén los números y cómo necesite que estén.

Recuerde, no espere. Anticipe las cosas cuando se trata de finanzas. Usted es la única persona que sabrá cómo le va realmente a su negocio, y esto sólo sucederá haciendo números.

Capítulo 11

CREANDO INGRESO PASIVO PARA MUCHOS AÑOS FUTUROS

"Aprender nunca cansa la mente."

Leonardo Da Vinci

Generar ingreso pasivo es el fin último. Usted puede trabajar su vida entera y pasar incontables horas en una oficina sin parar, pero ¿dónde lo llevará? Para la mayoría de las personas, ahorrar es difícil, y no perder su empleo se vuelve incluso más importante a medida que envejece. Planificar y prepararse para tener un ingreso pasivo es una decisión inteligente. Lea tanto como pueda sobre este tema y aprenda cómo ponerlo en práctica en su propia vida. Cuanto antes empiece a beneficiarse del ingreso pasivo, antes verá cómo su tiempo se libera y sus ahorros crecen. Para algunas personas el ingreso pasivo es un mito, mientras que para otros es una forma de vida. El ingreso por empleo no es malo, pero no es la forma más eficiente de generar ingresos. Trabajar en un empleo normalmente requiere largas horas y menos tiempo de vacaciones, lo que significa que pasa menos tiempo con los seres queridos y menos tiempo haciendo lo que disfruta. La forma más eficiente de hacer dinero es a través del ingreso pasivo.

¿Qué es el ingreso pasivo?

El ingreso pasivo es dinero que usted recibe ya sea que trabaje o no. Suena raro, pero existe y muchas personas están haciendo una buena vida de ese ingreso. De hecho, las personas más ricas en el planeta viven del ingreso pasivo. Recibirlo libera tiempo para pasarlo haciendo otras cosas y estando con seres queridos.

¿Cuáles son los tipos más comunes de ingreso pasivo?

1. Ingreso por renta
2. Regalías
3. Ingreso de negocios
4. Ingreso de dividendos
5. Ingreso de comisiones
6. Ingreso de interés

¿Qué es el ingreso por renta?

El ingreso por renta es dinero que usted recibe por rentar algo. La forma más común de este ingreso son los bienes raíces. Casas, departamentos, oficinas, tierra, depósitos, todos pueden ser rentados una vez que es dueño de ellos y le proveerán con un flujo constante de ingreso pasivo. Si paga su hipoteca o préstamo bancario, usted tendrá un ingreso pasivo más alto. Solo asegúrese que el ingreso que recibe de la renta es mayor que sus expensas totales, incluyendo: impuestos, seguro, mantenimiento, etc. El ingreso por renta es una gran forma de ingreso. Por ejemplo, si cobra $1,500 por renta y tiene que pagar impuestos, seguros y otras reparaciones, podría terminar con $1,000 de ingreso pasivo. Si tiene que hacer pagos de hipoteca por $600, tendría un ingreso por renta de $400.

¿Qué son las regalías?

Las regalías son una forma de ingreso pasivo que se recibe por algo que creó una vez y luego se le paga muchas veces. Algunas formas de ingreso pasivo son: música, películas, libros, productos e invenciones. Los actores y cantantes han empezado de la nada y luego han sido capaces de generar grandes cantidades de ingreso pasivo, por la cantidad de regalías que reciben. Con cambios en cómo las películas y música se descargan a celulares y tabletas, rentas de películas y venta de canciones a un ritmo mucho más rápido que antes.

Ingreso por Negocio

Para algunas personas que han empezado o compraron un negocio, y han sido capaz de liberarse de la ecuación (dueño ausente), ahora son capaces de recibir un ingreso pasivo. Algunos ejemplos de negocios que tienen dueños que reciben ingreso pasivo son:

- Franquicias de comidas rápidas
- Gasolineras
- Lavandería con monedas
- Videojuegos

Estos son tipos de negocios en los que el dueño puede dejar a los empleados recolectando pagos y simplemente revisar las operaciones generales del negocio. Esto requiere tener el tipo correcto de negocio y el sistema apropiado para asegurarse de que las cosas vayan bien, incluso cuando el dueño no está presente. Los dueños de negocios que pasan poco o nada de tiempo en sus empresas, son usualmente considerados "dueños ausentes" o "dueños semi ausentes". Los dueños ausentes se benefician del ingreso y ganancias que el negocio provee, y no tienen que pasar tanto tiempo en las actividades diarias. Supervisar el negocio de vez en cuando siempre es una buena idea, ya que no querrá ignorarlo completamente solo para tener problemas en el futuro. Es bueno tener una forma de supervisión sobre su negocio en un tiempo definido del día o semana, para asegurarse de que todo vaya bien. El ingreso por negocios puede ser un ingreso pasivo, siempre y cuando se asegure que todo vaya bien al enfocarse en las operaciones generales y ganancias.

Ingreso por dividendos

Esta es una forma de ingreso pasivo de acciones y otros de una empresa. Cuando compra acciones en una empresa en la que ofrecen un porcentaje de pago de dividendos al final de cada cuarto o año. Estos pagos pueden ser en la forma de efectivo o más acciones. Para personas que tienen grandes cantidades de dinero para invertir, esta puede ser una muy buena forma de ingreso pasivo. En algunos países, los pagos de dividendos pagan impuestos a una tasa mucho más baja, y es por ello que muchas personas de riqueza deciden optar por esta ruta. Los dividendos, usualmente, pueden ir de 1% a 10%, pero incluso pueden ser mayores dependiendo de la acción o negocio que hace el pago.

Ingreso por comisión

El ingreso pasivo de comisiones puede también ser muy beneficioso. Si tiene un sitio web que vende productos de otras compañías que le paguen comisiones por esas ventas, usted recibirá un ingreso pasivo. Hay muchas compañías que ofrecen comisiones por referir clientes a su sitio web o a su página de productos. Esto se está volviendo más y más común, ya que ambos se benefician de la venta. Se vuelve un ingreso pasivo porque solo necesita crear el sitio web una vez, y luego recibirá ingreso pasivo por cada venta, sin que tenga que estar frente a la computadora. Esta es una forma simple de ingreso pasivo para crear, y muchas personas se pueden beneficiar de ella.

Ingreso por interés

El ingreso por interés es uno de las formas más simples y fáciles de recibir ingreso pasivo. La mayoría de los bancos pagan interés sobre cuentas que usted abre. Algunos pagan más que otros, dependiendo del tipo de cuenta y el monto depositado. El ingreso por interés puede volverse una forma poderosa de ingreso pasivo, ya que la mayoría de los bancos ofrecen combinar interés sobre el interés obtenido el mes anterior. El interés compuesto puede permitirle incrementar su ingreso pasivo sin que tenga que hacer nada. Cobrará interés sobre los fondos que deposite y sobre el interés recibido antes. Esto se seguirá acumulando cada mes. El interés que recibe se considera un ingreso pasivo. La mayoría de los bancos combinan interés mensualmente, pero pregunte a su banco para estar seguro de que ofrecen esto. Recuerde que si usted retira el interés que acumula cada mes, entonces no se combinará el mes siguiente, asique necesita decidir de antemano si lo retirará.

Capítulo 12

PREPÁRESE PARA VOLVERSE RICO

"La lógica lo llevará del punto A al B. La imaginación lo llevará a todos lados."

Albert Einstein

La riqueza es un término amplio, que mayormente se menciona al hablar de dinero, pero la riqueza puede y debería venir en muchas formas. Algunos tipos de riqueza que querrá lograr son:

- Riqueza de conocimiento
- Riqueza monetaria
- Riqueza de salud y bienestar
- Riqueza familiar
- Riqueza mental

Estos son importantes, pero hay muchos más tipos de riqueza. Veamos algunos de ellos ahora.

Riqueza de Conocimiento

La riqueza de conocimiento es la riqueza de ideas, inteligencia y experiencias que usted puede acumular a través de la lectura de libros, experiencia, enseñando y ayudando a otros, etc. La riqueza de conocimiento puede muchas veces ser más importante que la riqueza monetaria. Esto es porque el conocimiento que usted acumula puede permitirle recrear riqueza monetaria de ser necesario. Si solo tiene riqueza monetaria pero no conocimientos, usted podría arriesgar perder todo y nunca sabrá cómo recuperarlo. El conocimiento es poder, y saber cómo administrar el dinero le dará poder para los años siguientes.

Riqueza monetaria

Para la mayoría de las personas, trabajar es necesario porque lo necesita para pagar facturas, y para ello debe tener dinero. Pagar por expensas necesarias e innecesarias requerirán que tenga alguna forma de ingreso. Tener riqueza monetaria le permite disfrutar cosas que otras personas no pueden disfrutar por los recursos financieros limitados. Tomar los pasos necesarios hacia lograr la riqueza monetaria para vivir una vida financiera sin estrés. Aprenda tanto como pueda acerca de cómo hacer y administrar dinero. Para algunas personas, hacer dinero es simple, pero administrarlo es difícil. Trate de leer libros acerca de diferentes aspectos del dinero también.

Riqueza de salud

Usted puede tener tanto dinero como quiera, pero si está

enfermo o no puede disfrutarlo, entonces no tendrá mucho uso para ese dinero. La salud usualmente se pasa por alto hasta que algo le sucede. Ser saludable y sentirse bien debería estar al inicio de su lista de prioridades. Enfóquese en comer alimentos que nutran su cuerpo y no solo lo llenen. Estos alimentos deberían incluir frutas y vegetales. Asegúrese de hacer algún tipo de ejercicio diariamente. Hacer mucho ejercicio 1 día por mes nunca le traerá los mismos resultados que usted obtendría al hacer ejercicio moderado cada día. Estos ejercicios pueden ser en la forma de deportes, actividades al aire libre, o gimnasio. Así mismo, asegúrese de obtener suficientes horas de sueño para prevenir tener subidas y bajadas emocionales. Dormir 6 a 8 por la noche para los adultos y 8 a 12 horas para los niños, mejorará su enfoque mental y desarrollo diario general, sin importar qué actividad esté haciendo.

Riqueza familiar

Para algunas personas, estar solos es suficiente, pero para otros tener una familia o amigos que considere como familia también pueden ser una forma de riqueza. Tener personas con las que pueda contar en buenos y malos tiempos es importante. Las personas que tienen problemas financieros usualmente son sobrepasadas con la ayuda y consejos de los seres queridos. Esto no es un requerimiento, pero tener personas que lo aman y que usted ame pueden ser una bendición, y enriquecerán su vida aún más.

Riqueza mental

Sentirse feliz, alegre y entusiasta acerca de la vida, requiere que esté en paz mental. Ser muy inteligente y rico pero inestable mentalmente lo hará sentir incompleto. Usualmente se dice que. si quiere ser saludable mentalmente, usted necesita salud física. Por esta razón, intente ser activo físicamente cada día de una forma u otra. Para las personas que se sienten incompletos, incluso luego de llegar y sobrepasar muchos fines financieros y de vida, trate de dedicar más tiempo hacia ayudar a otros menos afortunados. Ellos apreciarán su ayuda y usted sentirá que está contribuyendo al mundo al proveer asistencia a otros de una u otra forma. Otros tendrán problemas también, y ellos podrán estar muy felices de saber que alguien más los cuida. Lo que podría parecer como un problema grande para usted, puede ser algo insignificante para otros con problemas más graves. Por ejemplo, si le fue mal en un examen, pero conoció a alguien que no ha comido en dos días, entonces podría reconsiderar la severidad de sus problemas.

Comparta algunas de las cosas que aprendió en ese libro con otros, y ayúdelos a entender que tienen un gran futuro financiero frente a ellos si lo intentan.

Sea agradecido diariamente, sin importar lo mucho que tenga. Cada mañana cuando despierte, esté agradecido de tres cosas en su vida. Sea agradecido de tres cosas que cada uno de sus familiares haga también.

Tome un momento para respirar, cantar, bailar o descansar cada día. Esto incrementará su felicidad y le ayudará a resolver problemas que podría tener, y permitirá ver cosas más claramente.

COMENTARIO

Incluso si es un hijo, hija, padre, madre, abuelo o abuela, usted se beneficiará de haber leído este libro, ya que todos juegan un rol importante en el crecimiento mental de los niños. La administración del dinero no se enseña en las escuelas, y muchas veces no se enseña en la universidad tampoco. Aprender a administrar el dinero inteligentemente debería ser enseñado por familiares y a través de la lectura de libros sobre el tema. Apoyarse en otros para que hagan esto por usted no es la mejor forma de proceder, como habrá podido ver de todas las personas en el mundo que están en deuda y tienen muy pocos ahorros para retirarse y vivir. El mundo está cambiando y continuará cambiando. Las técnicas de publicidad harán que las personas gasten más. Nuevos esquemas de inversión serán creados que limpiarán a los que no tengan conocimiento financiero. Saber lo básico y mantenerse a lo que ha funcionado para las personas más ricas en la historia funcionará mejor durante estos tiempos cambiantes. El dinero necesita ser administrado de forma eficiente y efectiva, para obtener lo máximo de él.

Recuerde seguir las reglas compartidas en este libro para vivir una vida financiera llenadora, al administrar el dinero de la forma que las personas más inteligentes del mundo lo hacen.

Las 5 reglas son:

Regla #1

Nunca tome dinero prestado a menos que tenga el mismo dinero en el banco y pueda pagarlo inmediatamente

Regla #2

Ahorre al menos 20% de su ingreso cada mes

Regla #3

Use el interés compuesto para impulsar sus ahorros

Regla #4

Reduzca o elimine los gastos al mínimo

Regla #5

Sea dueño de su negocio

Escriba estas reglas y léalas seguido. Aprenda a lograr lo mejor de ellas. Si por alguna razón usted pierde su camino, simplemente recuérdese leer las reglas y volver al camino. La escuela de la vida requiere que administre dinero, pero no encontrará un manual sobre cómo hacer esto, asique aténgase a las reglas.

VOCABULARIO FINANCIERO

Hipoteca a 30 años: Es un préstamo otorgado por un banco o prestamista, cuya tasa de interés se mantiene durante toda la vida del préstamo, que es 30 años, y es utilizado para financiar la compra de una propiedad.

Publicidad: una publicidad paga de objetos o servicios.

Activos: cualquier objeto que incremente su valor neto. Los activos pueden ser tangibles o intangibles. Los activos pueden ser líquidos (disponibles inmediatamente, como el dinero) o no líquidos (no disponibles inmediatamente, como una casa).

Cuenta bancaria: es una cuenta que se abre en un banco. Puede ser una cuenta corriente, cuenta de ahorro, cuenta de mercado de dinero, etc.

Empresa: una persona o corporación que se envuelve en la venta de productos o servicios con el propósito de obtener una ganancia.

Cuenta bancaria de negocios: es una cuenta abierta en un banco para una empresa.

Expensas de negocios: son los costos necesarios de mantener un negocio, y pueden incluir: utilidades, renta, hipoteca, agua, elementos de oficina, seguro, etc.

Ingreso de negocios: el ingreso que deriva de la venta de productos o servicios que vinieron de una transacción de negocios.

Ganancia de negocios: es la cantidad de ingresos o beneficio financiero que resta luego de todas las expensas, costos e impuestos de un negocio.

Interés compuesto: se conoce como interés que se paga sobre el dinero principal y el interés normalmente recibido de una cuenta bancaria, y puede ser pagado diaria, mensual, trimestral, bianual o anualmente.

Ingreso de comisión: es el ingreso que deriva de una comisión por la venta de un producto o servicio.

Crédito: el acto de usar la deuda para pagar por algo.

Agencia crediticia: es una compañía que recolecta información que es relevante a su crédito y ha sido provisto por otras instituciones financieras y no financieras.

Tarjeta de crédito: una tarjeta plástica que se utiliza para comprar cosas a crédito.

Reporte crediticio: es un reporte que explica en detalle el historial crediticio de un prestatario.

Puntaje crediticio: es un número asignado para determinar el valor crediticio de una persona, basado en el análisis del historial crediticio y administración de la deuda.

Deuda: dinero que se debe o debe pagarse en otro momento.

Depreciación: la pérdida de valor de un activo durante su vida útil.

Ingreso por dividendos: el ingreso que deriva de una suma de dinero pagada a accionistas de una empresa por las ganancias.

Pago inicial: el monto que un comprador debe pagar para comprar una casa, en adición a los fondos que toma prestados.

Empleado: alguien que es tomado por un salario por un empleador para hacer un trabajo específico.

Expensas: cargos incurridos en una transacción personal o de negocios.

Futuro financiero: la suma de todas las decisiones crediticias y monetarias, y transacciones en el futuro.

Ingreso: es el pago monetario de productos, servicios, rentas, inversiones, etc.

Interés: el monto a ser pagado como costo por el uso de crédito.

Ingreso por interés: es el ingreso que se recibe de pagos de interés normalmente pagados sobre un balance principal específico.

Piratear: una técnica utilizada para administrar recursos, incluyendo tiempo y dinero, de forma más eficiente.

Mercadeo: es el acto de promover productos o servicios.

Hipoteca: es un acuerdo con un banco o institución prestamista que presta dinero a un interés específico a cambio de tomar un título de la propiedad del deudor.

Ingreso pasivo: es el ingreso que se recibe de una propiedad rentada, empresa, comisión, etc., que requiere poco o nada de esfuerzo por parte del receptor.

Principal: cuando se habla de un préstamo, lo principal es el monto debido.

Ingreso de bienes raíces: es el ingreso que deriva de rentar una unidad, menos las expensas para mantenerlo.

Regalías: es un monto de dinero pagado al dueño de una patente por el uso de la misma.

Ahorros: dinero que ha sido acumulado y dejado a un lado.

Cuenta de ahorro: es una cuenta que genera interés en un banco.

Red social: es el término utilizado para describir los sitios de redes sociales.

Impuestos: una contribución hecha a los ingresos del estado, requerido por el gobierno sobre el ingreso de empleados o negocios.

www.ingramcontent.com/pod-product-compliance
Lightning Source LLC
Chambersburg PA
CBHW021117210326
41598CB00017B/1481